UNISCI I PUNTINI PER BAMBINI

MI CHIAMO

....

Samar Ray ♛

ISBN: 9798715650207

1
2
3
4
5

1

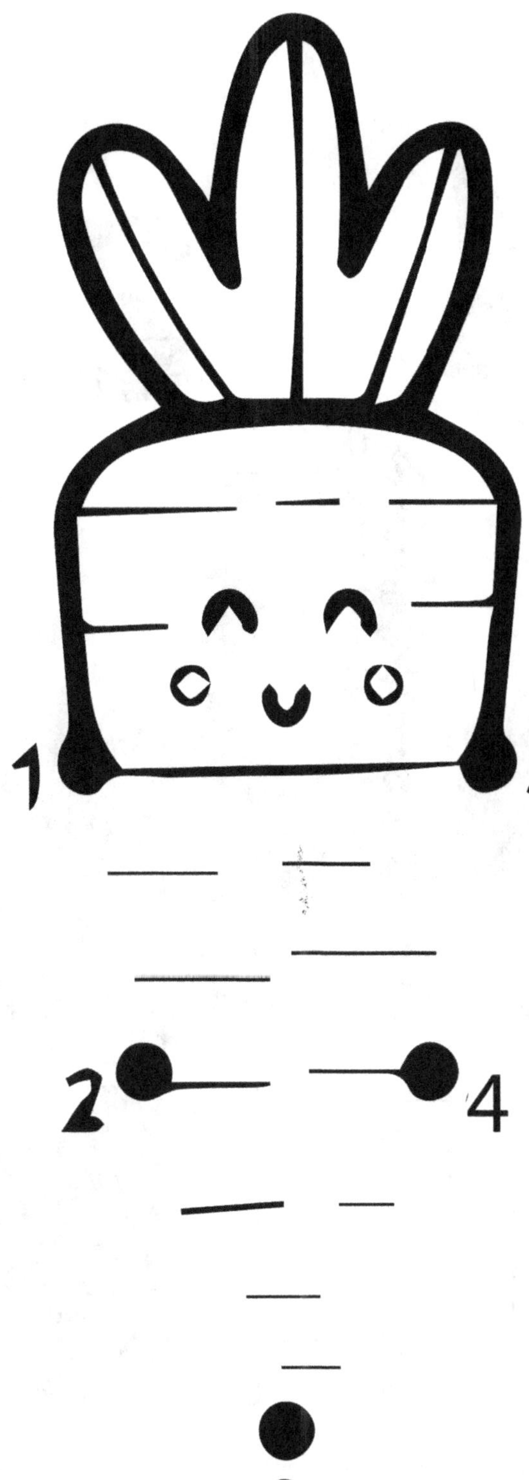

1

5

2

4

3

2 due
gatti
2

1
2
3
4
5

3 tre

volpi

3

Boo

1
2
3
4
5

4
quattro
orsi

1
2
3
4
5

cinque leoni

5

4.
8.
7.
.9
6.
10
3.
5
1
2

6

sei gufo

6 6 6

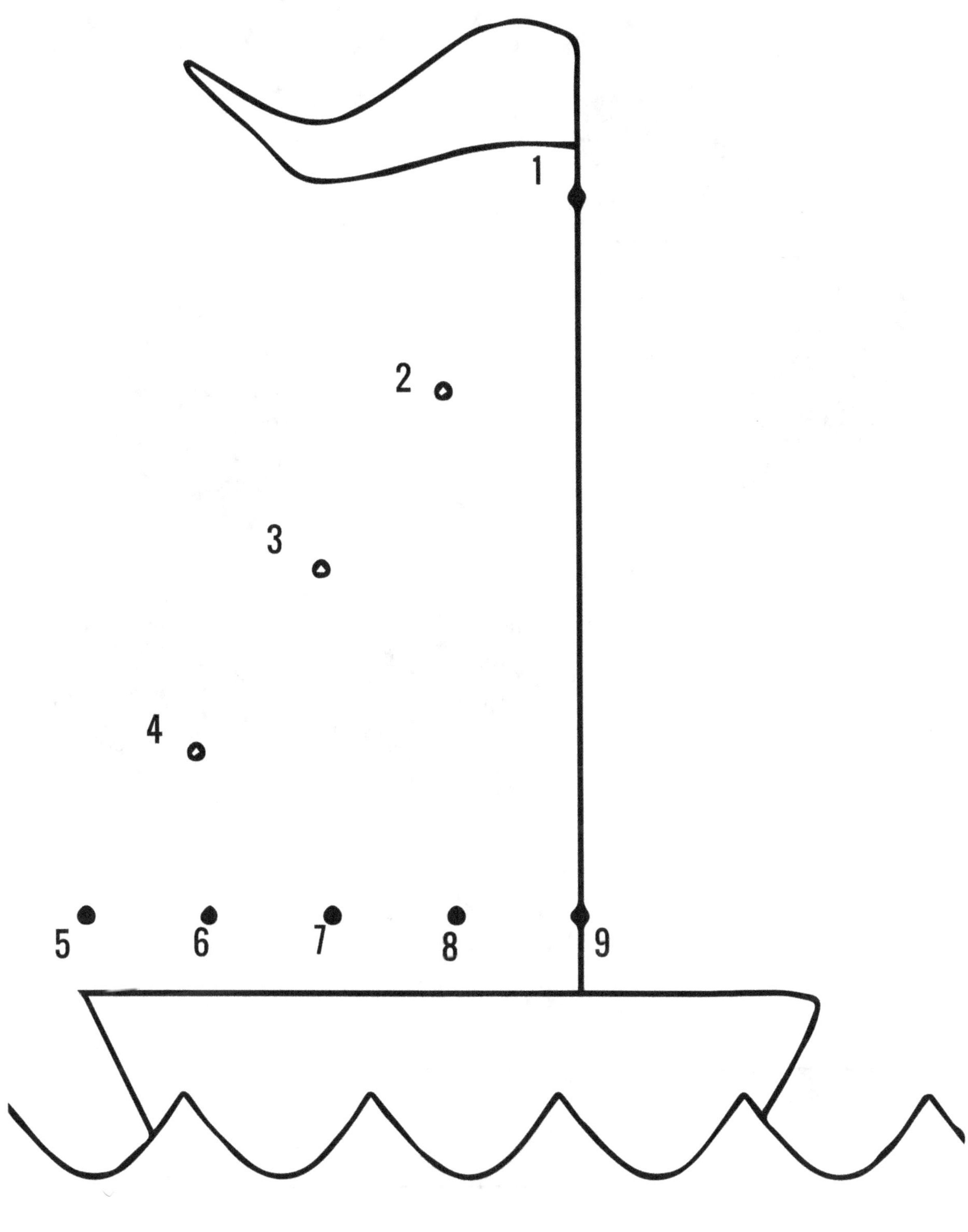

sette palloncino

7

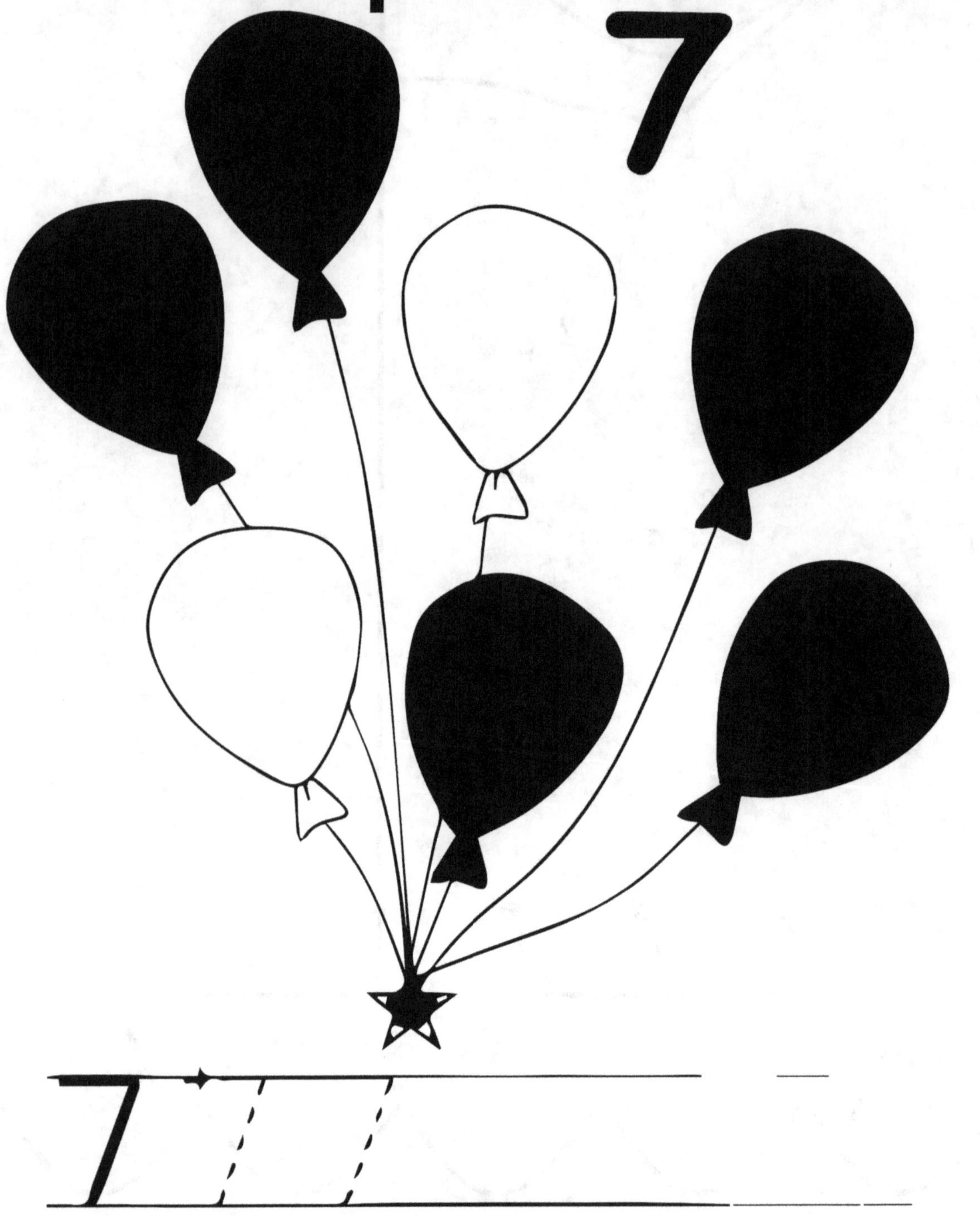

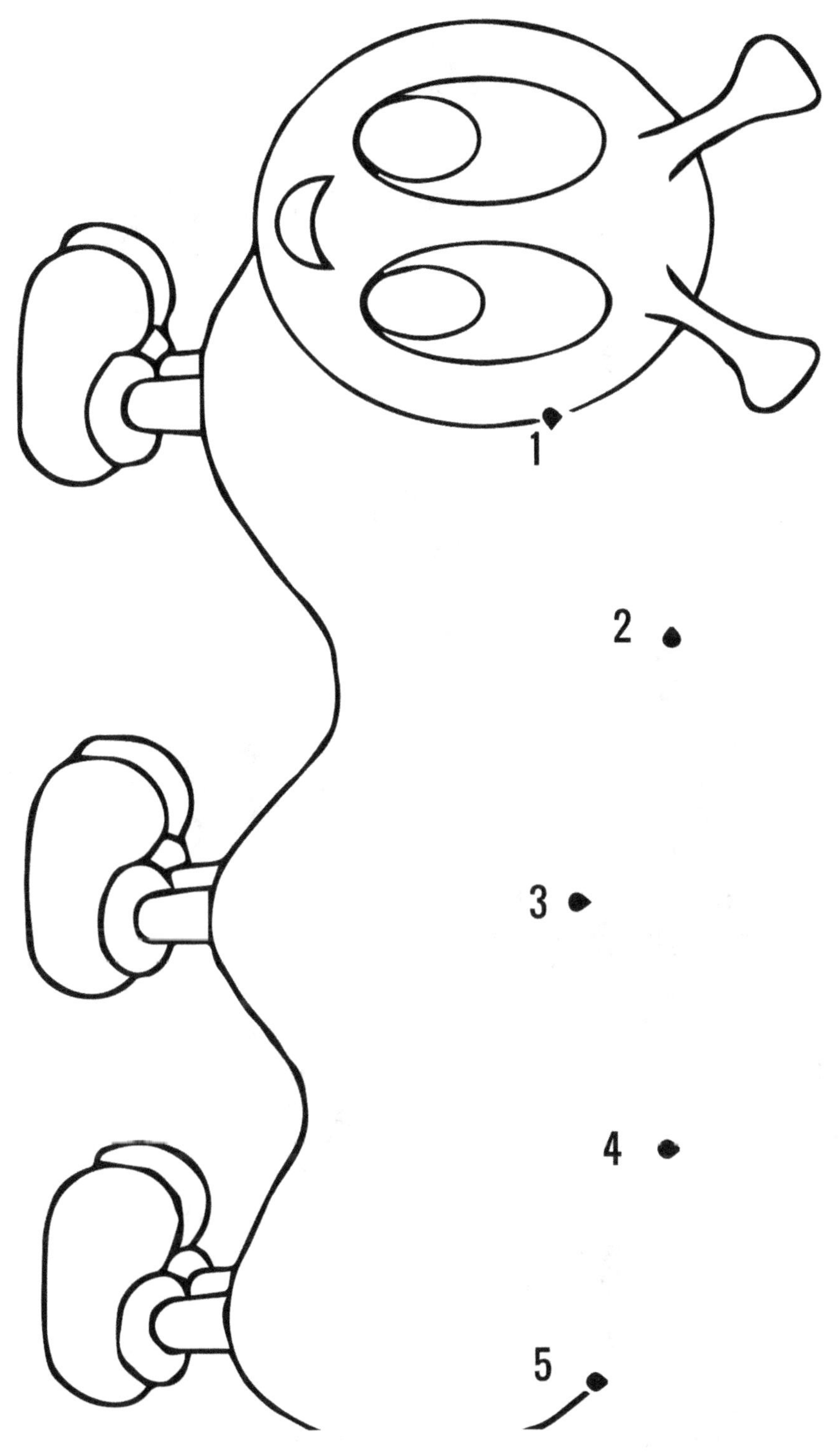
1
2
3
4
5

8

otto ape

8 8 8

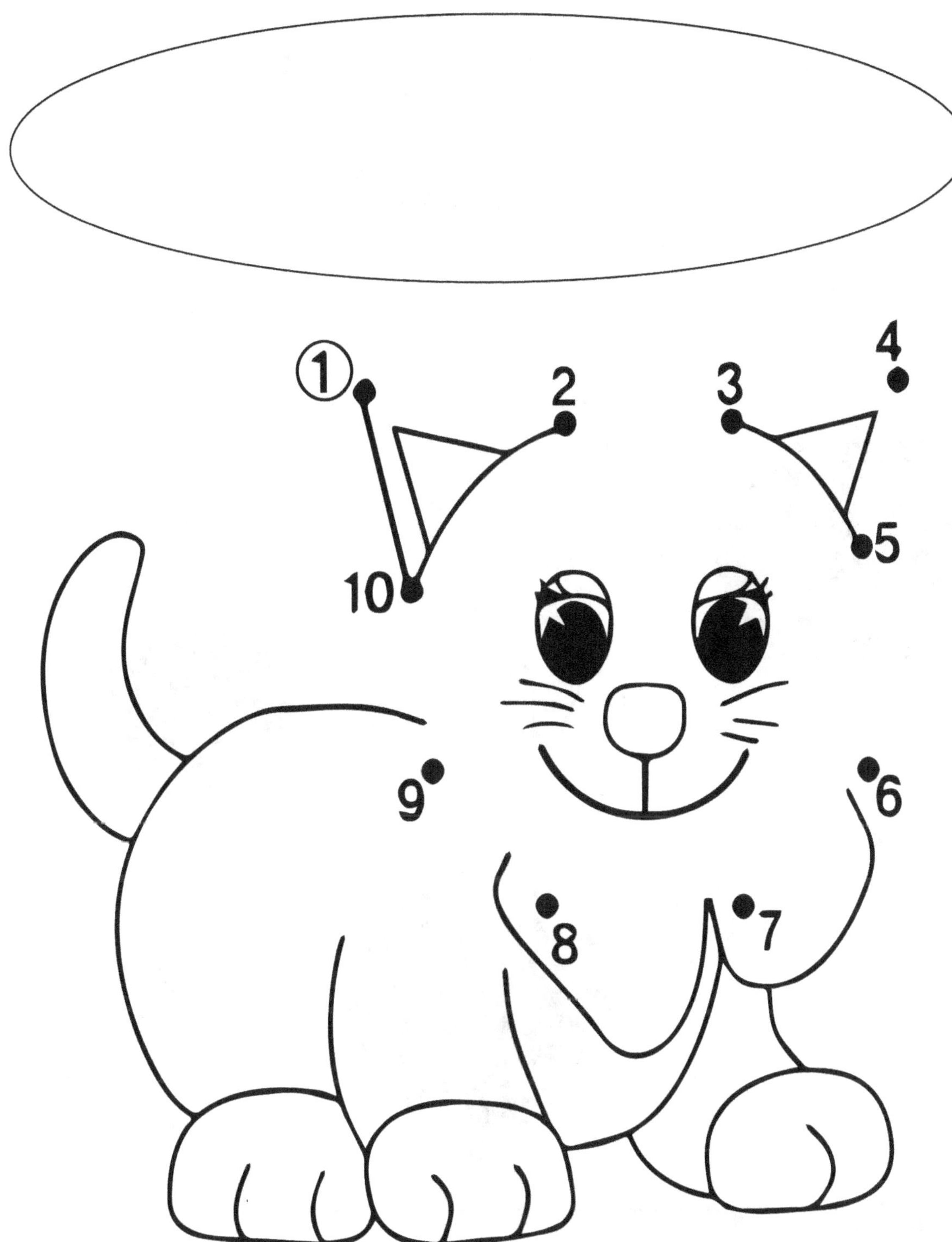

1
2
3
4
5
6
7
8
9
10

9 nove
palle

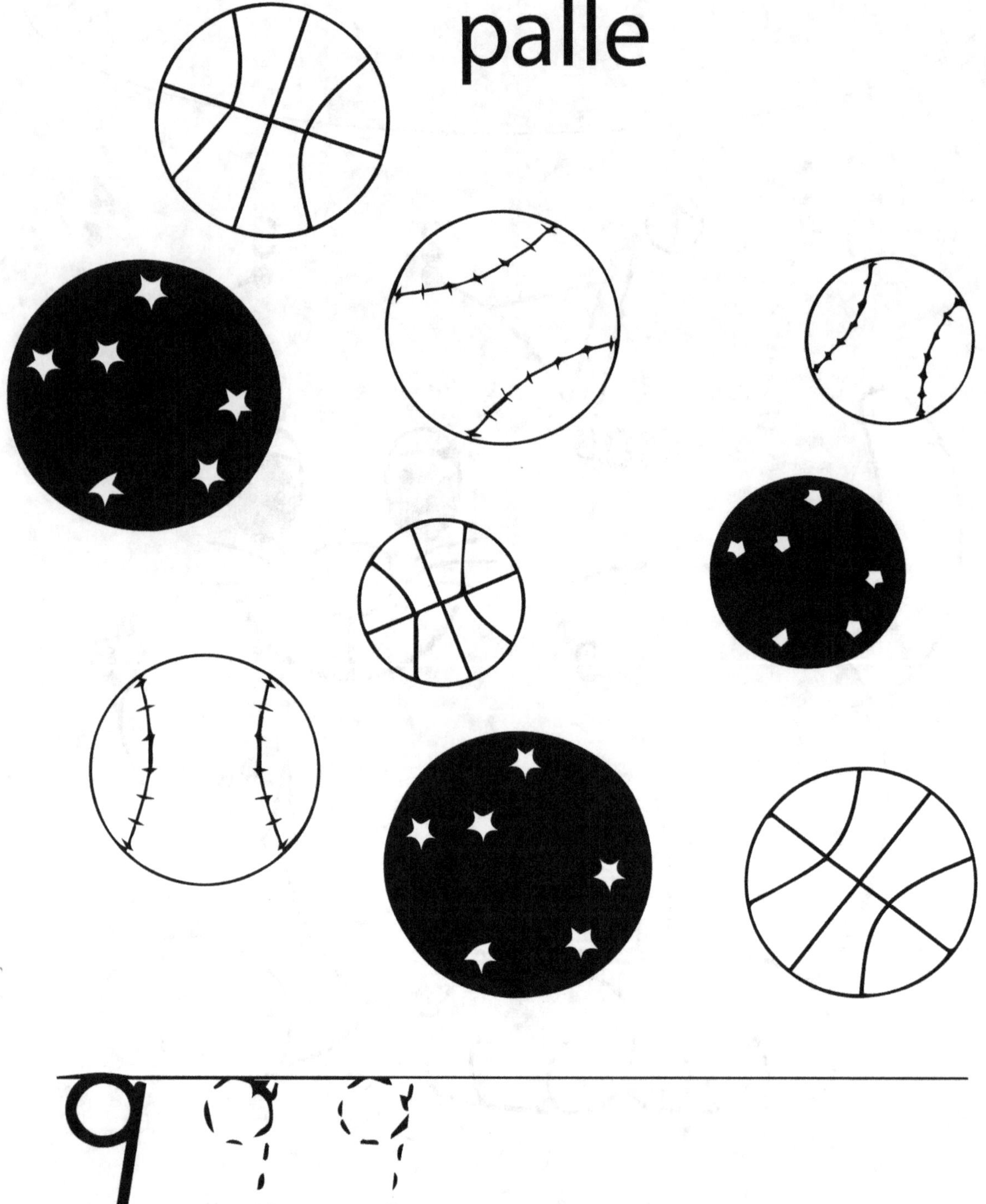

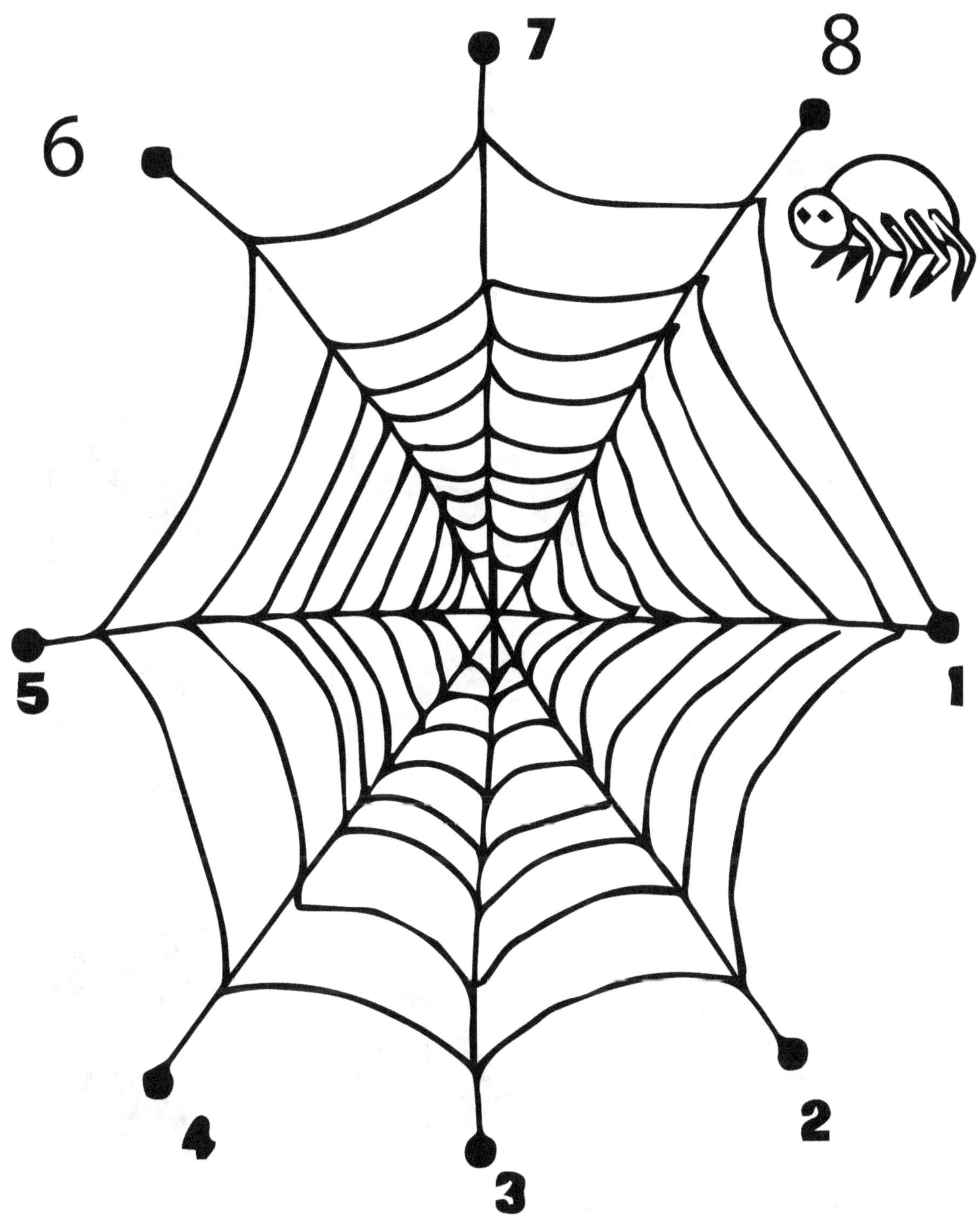

7
8
6
5
1
4
3
2

10 dieci
cappelli

10

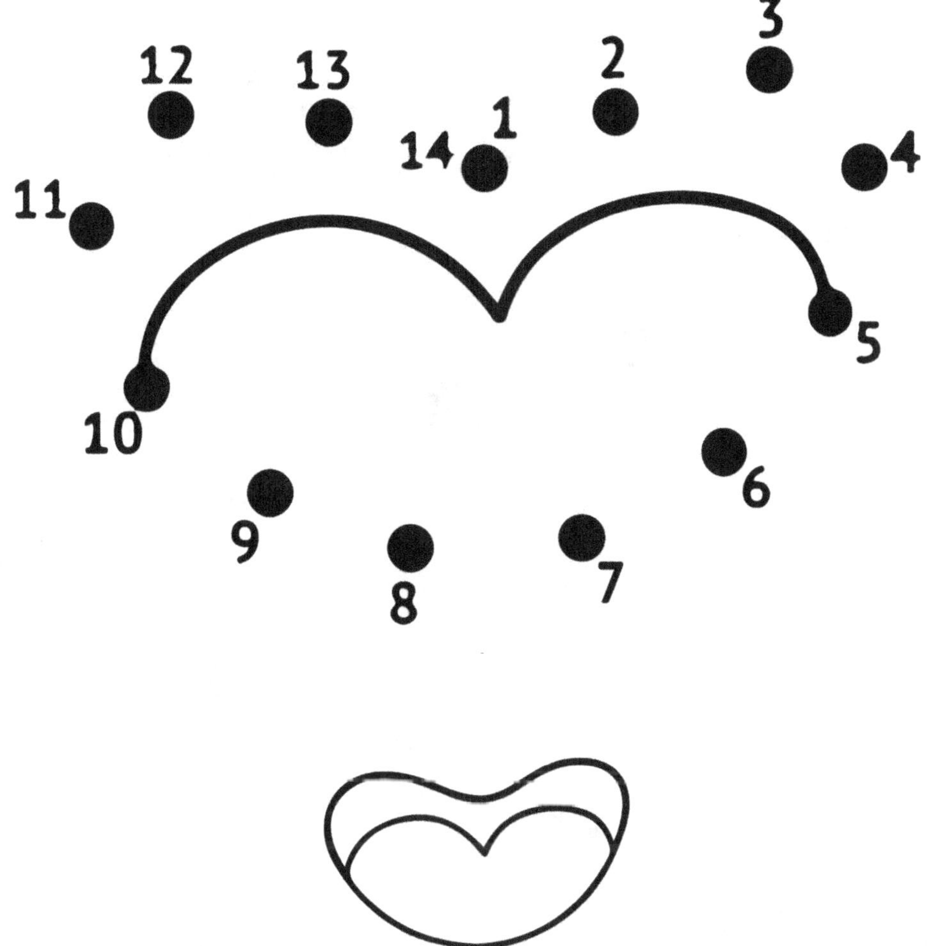

11
Undici

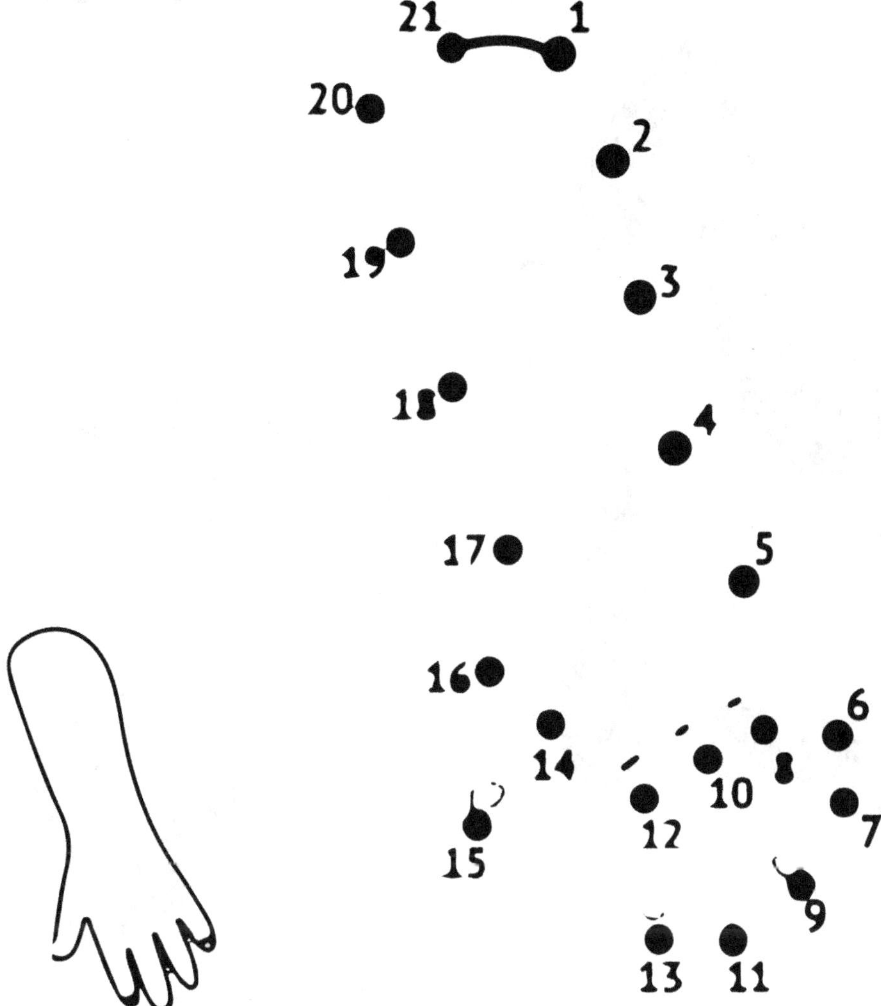

12 dodici

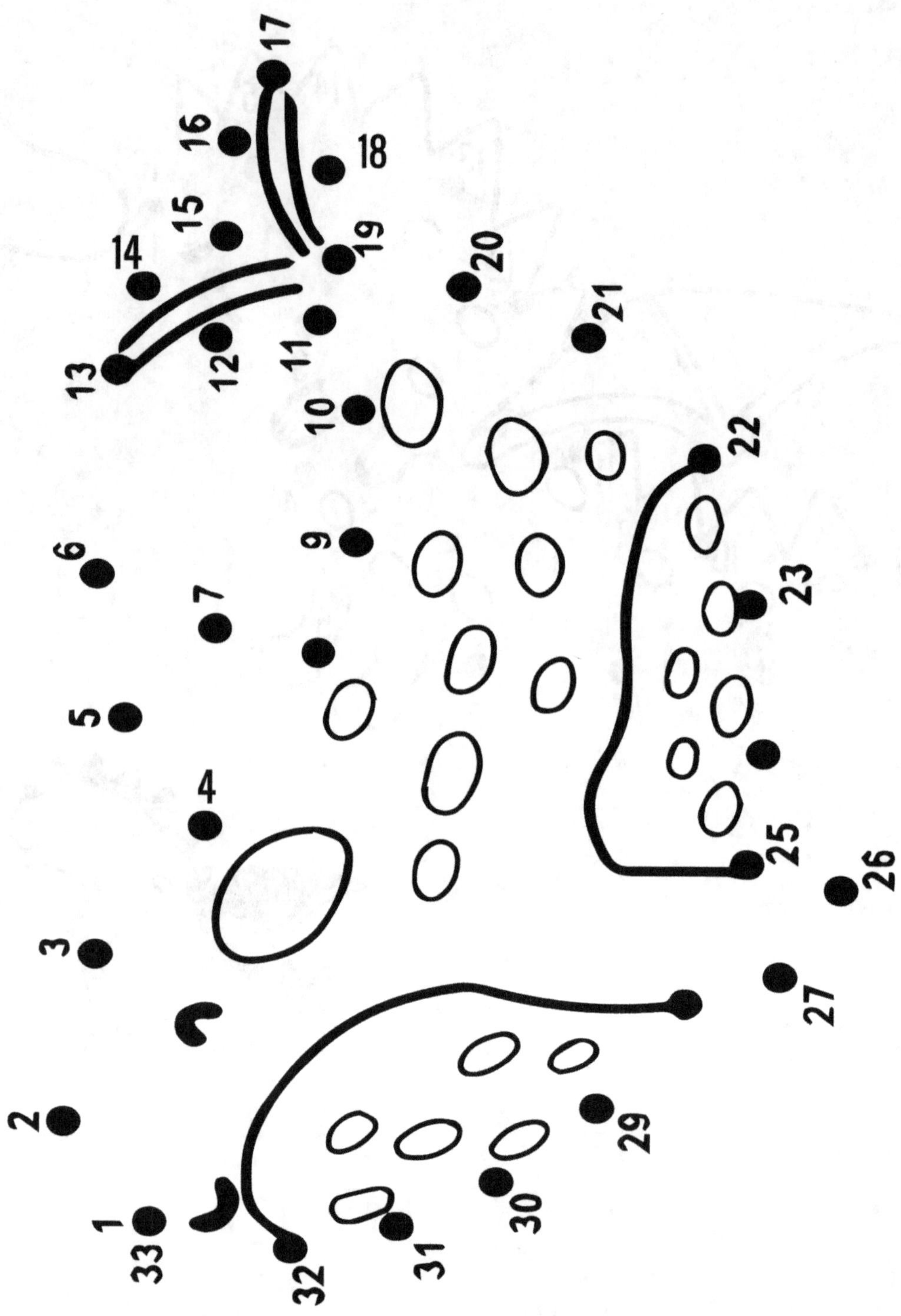

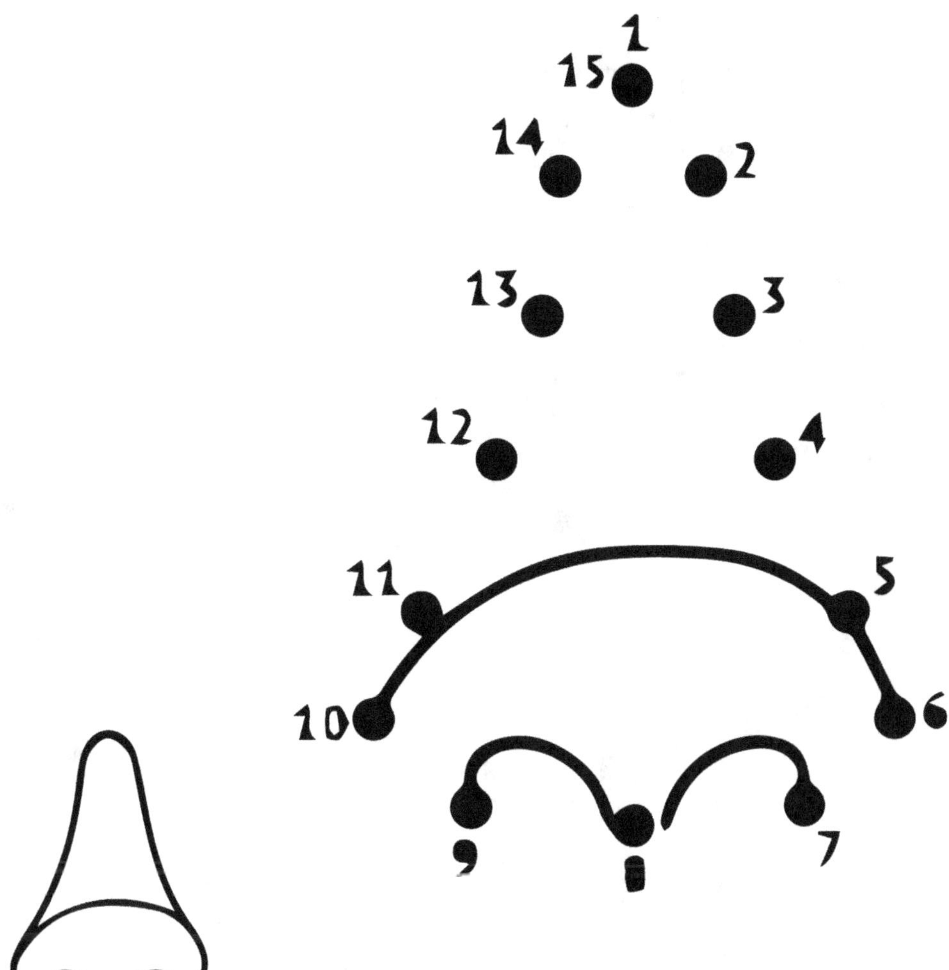
1
15
14
2
13
3
12
4
11
5
10
6
9
7

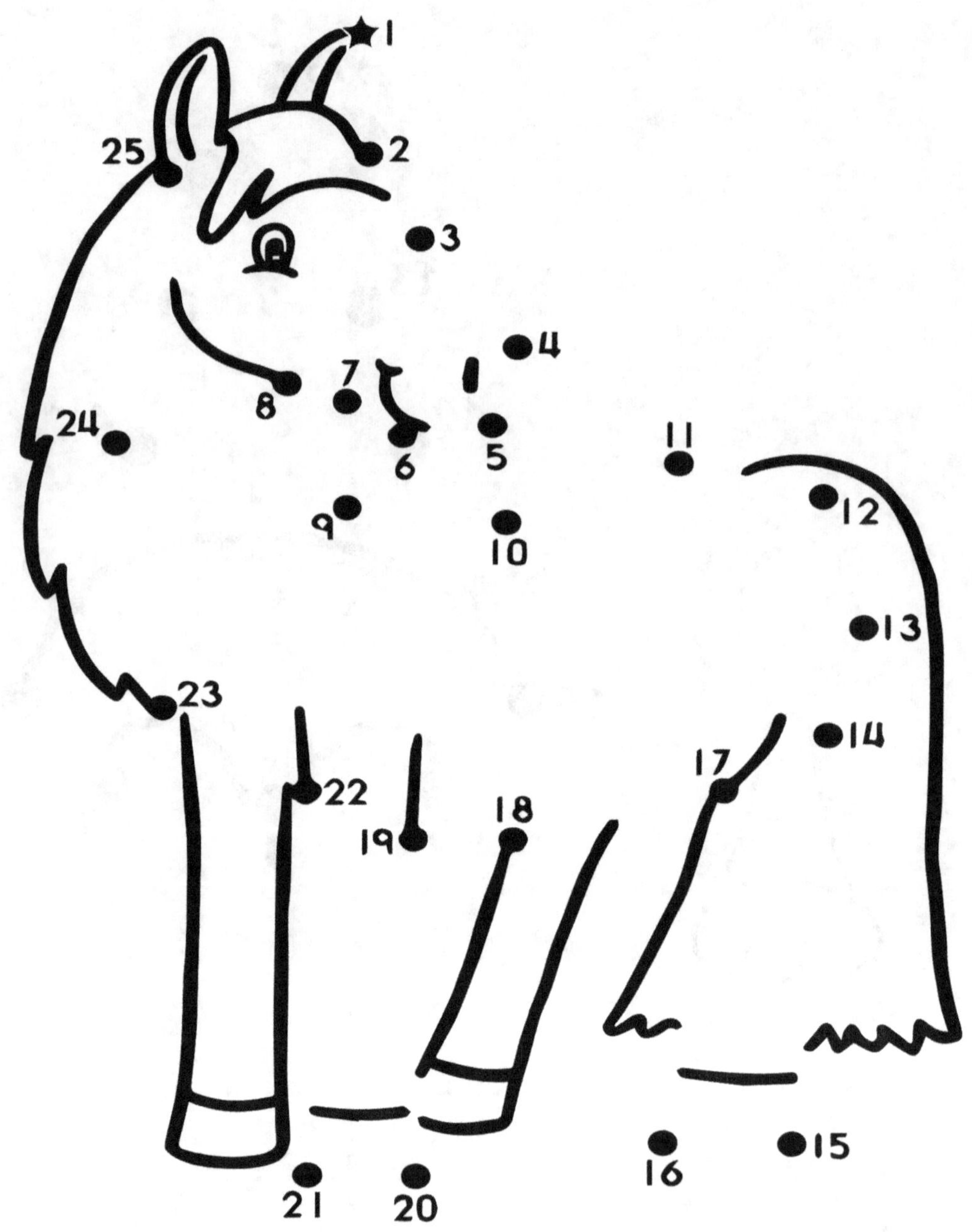

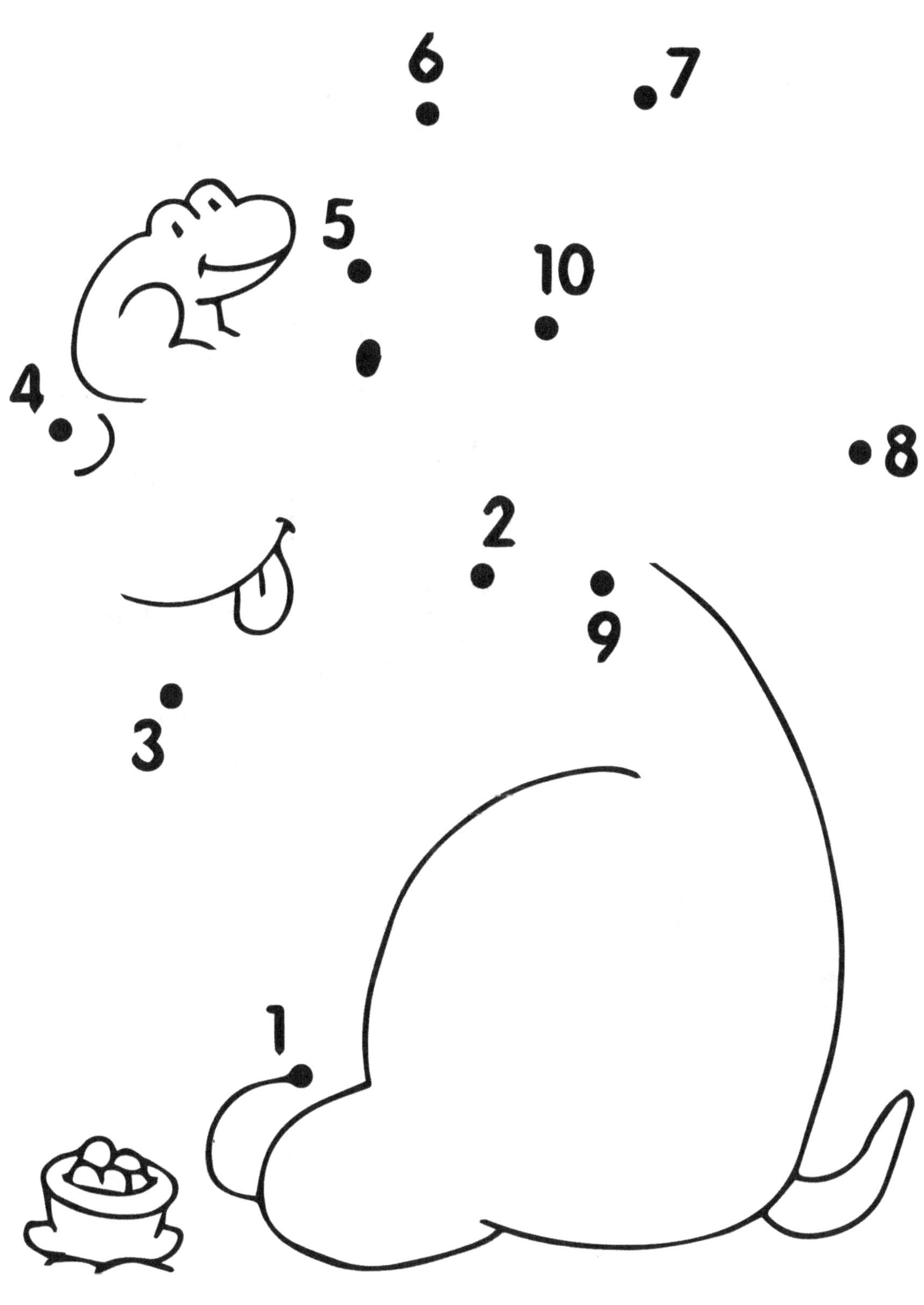

18
1
17
3
2
16
4
7
5
14
6
15
8
13
9
12
11
10

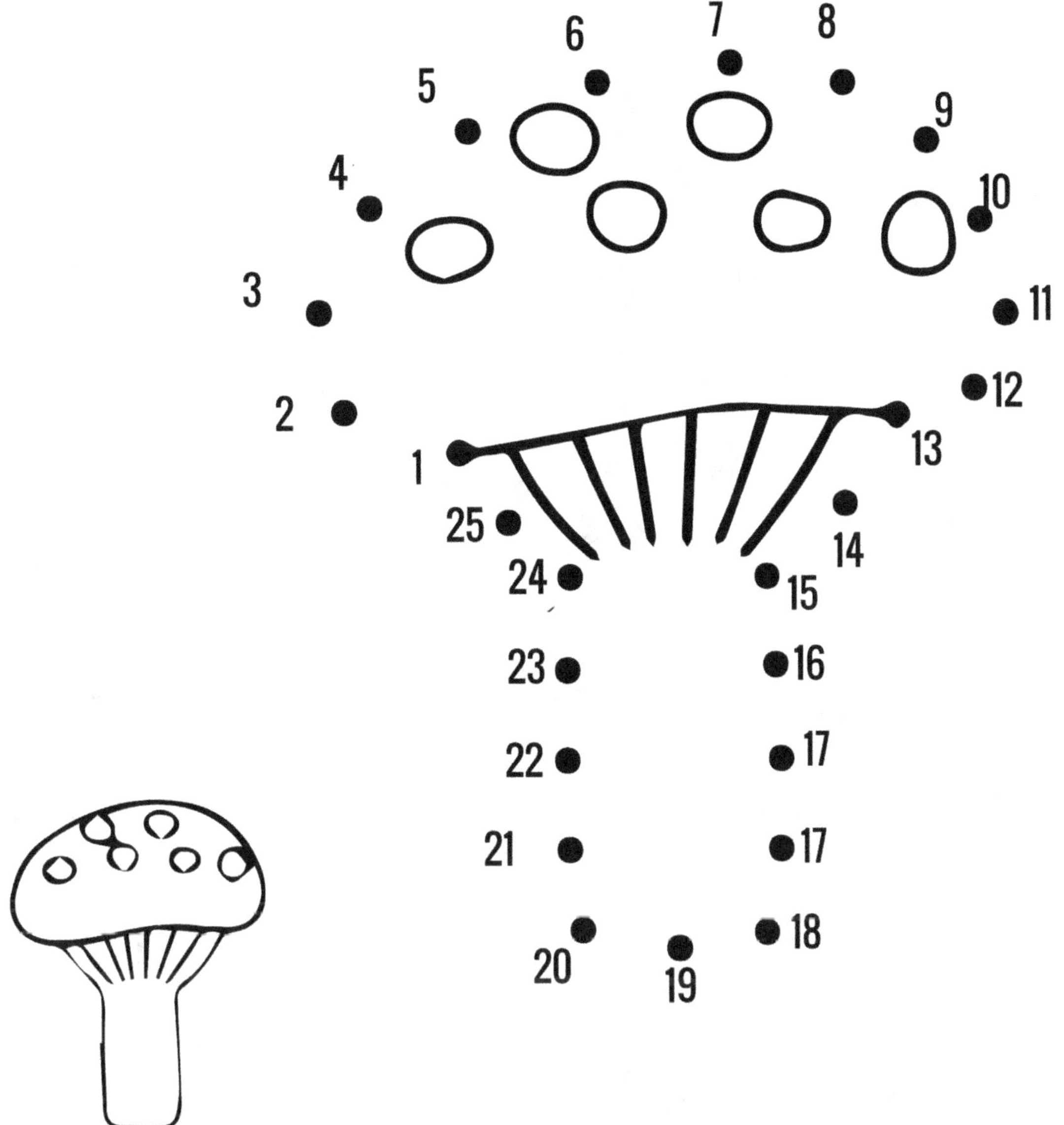

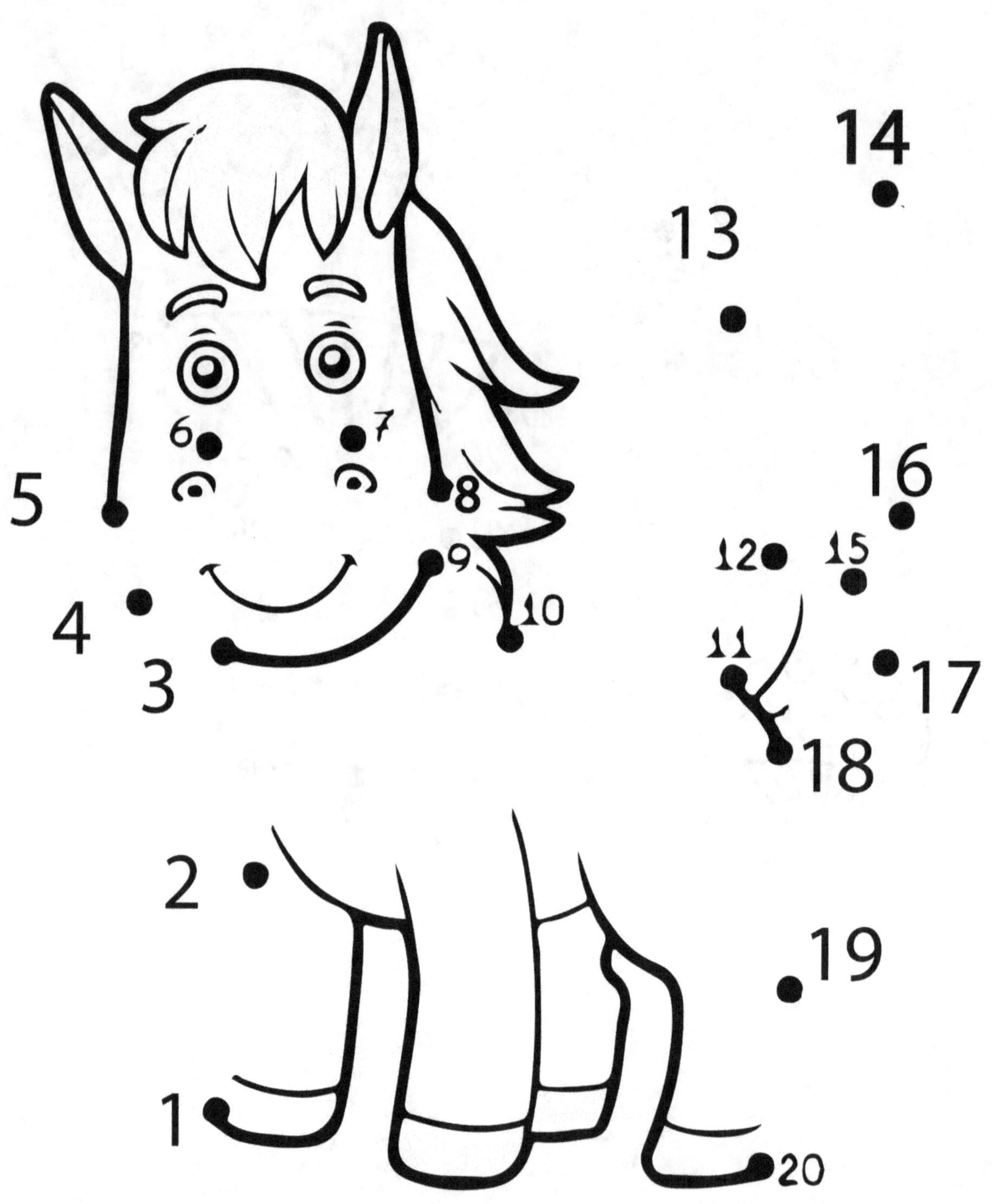

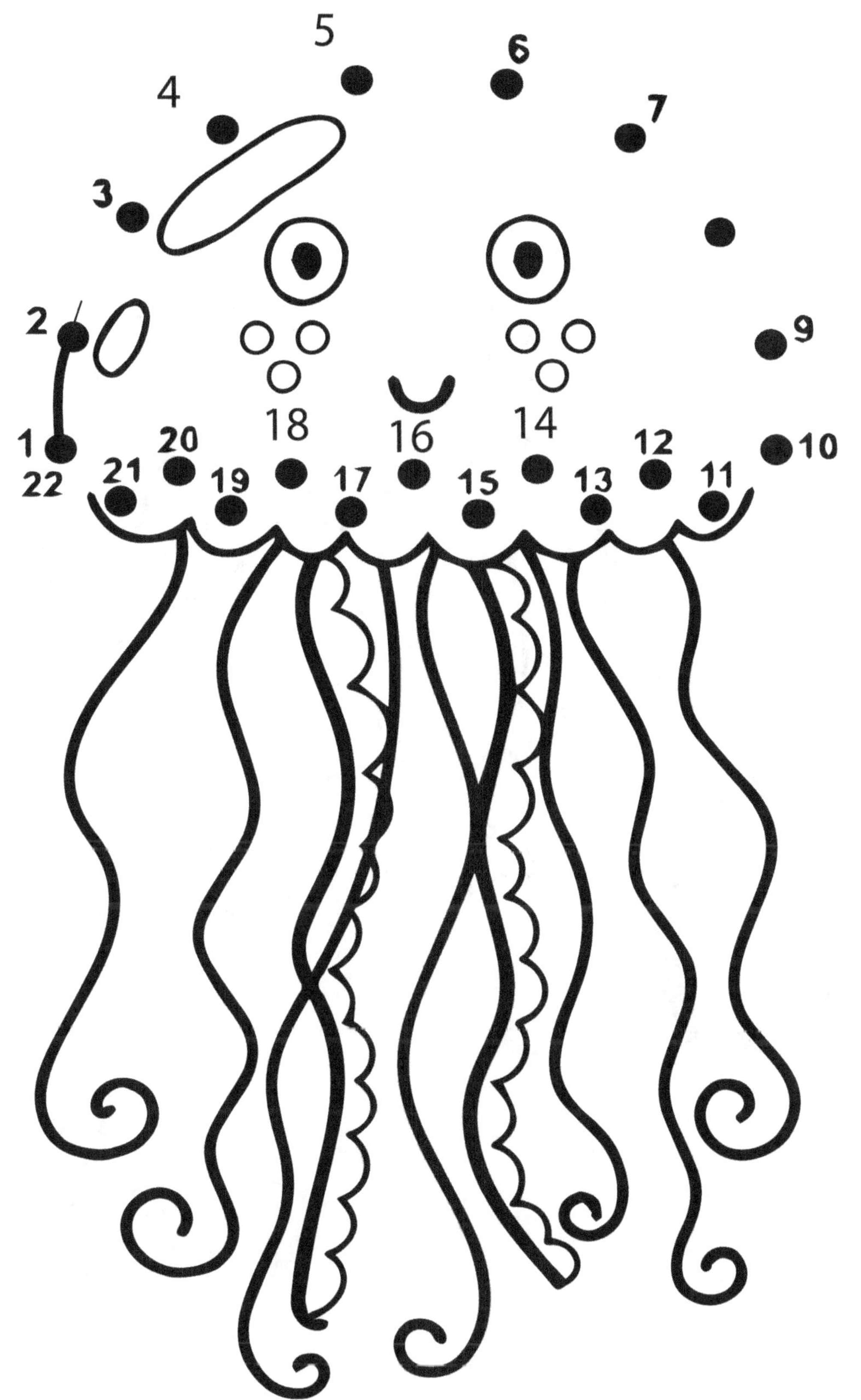

5
4
6
3
7
2
1
22
21
20
19
18
16
14
12
10
17
15
13
11
9

12
11
10
9
8
7
6
5
4
3
2
1

A
B
C
D
E
F
G
H
I
J
K
L
M
N
O
P
K
R
S
T
U
V
W
X
Y
Z

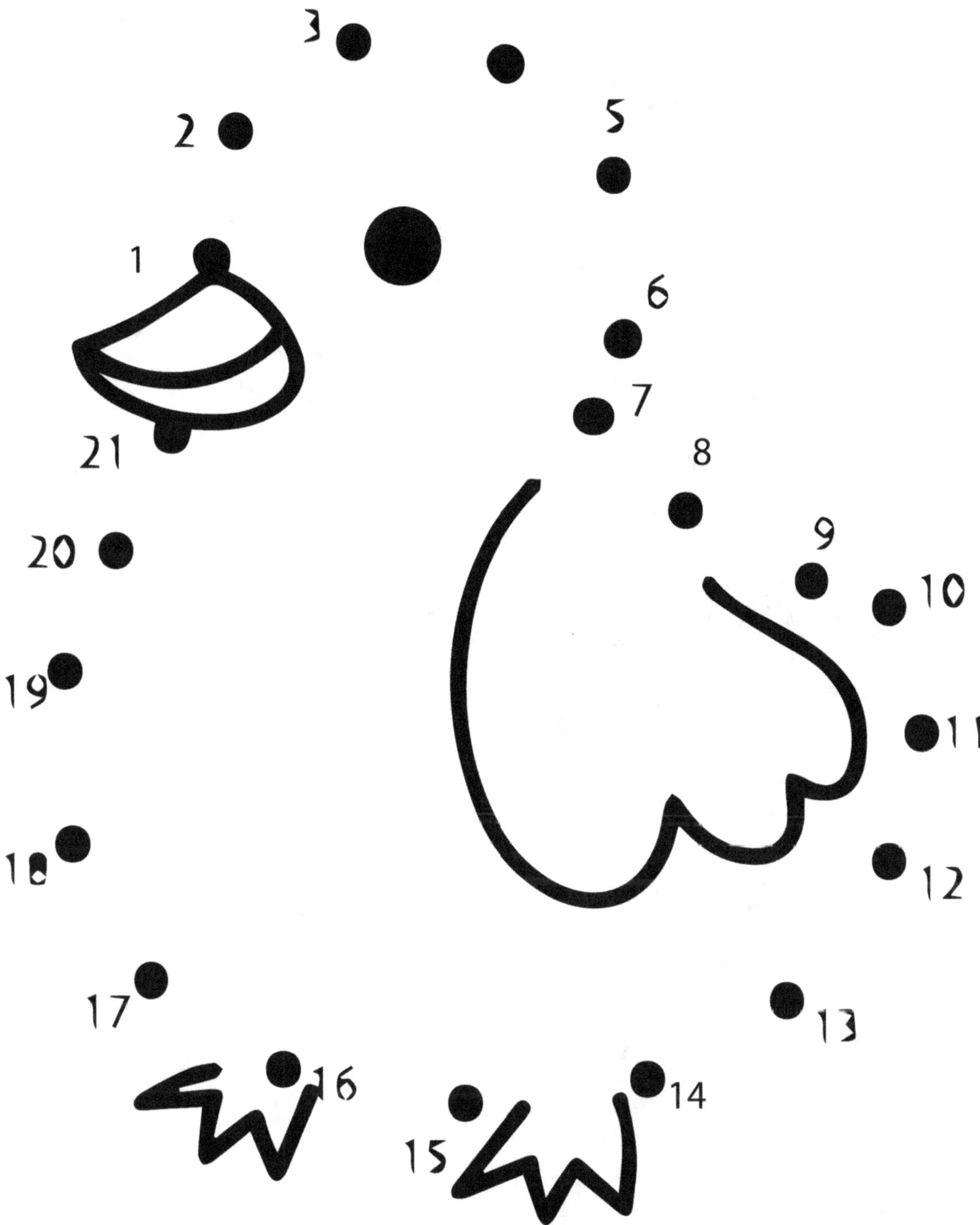